Identificar
el propósito del autor

Frases claves para **identificar el propósito del autor**:

El autor escribió este libro porque
quería _____.
Lo sé porque _____.

informar	El lector aprende algo nuevo.
convencer	El autor quiere que el lector opine igual que él.
entretener	El lector se divierte.

Un autor escribe porque tiene algo que decir.
Tiene un **propósito**. El propósito puede
ser **informar, convencer** o **entretener**.

convencer

entretener

informar

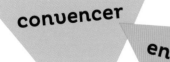

¡A comer saludable!

Todos los días mi papá me prepara el almuerzo.
Algunas veces me gusta lo que me prepara, otras
veces no. Papá dice que soy muy quisquilloso para
comer. Eso quiere decir que hay muchas cosas que
no me gusta comer.

Hoy es sábado. Papá y yo vamos al supermercado
a comprar alimentos para hacer mi almuerzo.

—Diego —dice papá—, puedes escoger lo que quieras
comer, pero tiene que ser saludable.

—¿Por qué todo tiene que ser saludable? —pregunto.

—Tienes que comer comida saludable para crecer y ponerte fuerte. La comida saludable te da la energía que necesitas para aprender y jugar —dice papá.

Miro a mi alrededor. ¡Hay muchos alimentos diferentes para escoger!

Papá me pide que escoja comida de los cinco grupos de alimentos. Los cinco grupos son: las proteínas, los lácteos, las frutas, las verduras y los cereales. Papá dice que hay montones de alimentos deliciosos para escoger en cada grupo.

pollo

carrito de compras

¡EXTRA!

Los frijoles, los huevos y las nueces también son parte del grupo de las proteínas.

Primero, buscamos los alimentos del grupo de las proteínas. Las proteínas ayudan a formar músculos fuertes. La carne y el pescado pertenecen al grupo de las proteínas. Mi proteína preferida es el pollo. Papá pone un **pollo** en el **carrito de compras**.

¡**EXTRA**!

La leche, la mantequilla y el yogur pertenecen al grupo de los lácteos.

A continuación, busco los alimentos del grupo de los lácteos. Los alimentos de este grupo ayudan a tener dientes y huesos fuertes. El queso pertenece al grupo de los lácteos. Busco el queso que más me gusta y lo pongo en el carrito.

—¿Podemos comprar algo dulce? —le muestro a papá una caja de galletas.

—Esas galletas tienen demasiada azúcar —dice papá—. Los alimentos que tienen mucha azúcar saben muy rico, pero no son buenos para tu cuerpo. Las frutas son dulces y también saben rico. Además te dan energía. ¡Llevemos algunas frutas!

Papá y yo vamos a la sección de frutas y verduras del supermercado. Miro los diferentes tipos de frutas. Todas se ven deliciosas. Veo unas manzanas grandes, rojas y jugosas. La manzana es mi fruta preferida. Escojo dos manzanas y las pongo en el carrito.

¡Manzanas!

La manzana es una fruta redonda de consistencia **firme**, tiene cáscara y su **pulpa** es blanca. El centro se llama corazón. En el corazón de la manzana están sus semillas.

firme

cáscara

corazón

semillas

pulpa

Las manzanas crecen en árboles en muchas partes del mundo. Los árboles de manzanas, llamados manzanos, florecen en la primavera.

Las manzanas empiezan a crecer.

Las manzanitas se hacen cada vez más grandes y maduran.

La gente recoge las manzanas.

Las manzanas sirven para hacer jugo, sidra, compota, jalea ¡y muchas otras cosas!

espinaca

Papá mira las verduras y encuentra unas **espinacas** de color verde oscuro. Papá escoge algunas espinacas y las pone en el carrito.

—¿Esas espinacas son para mi almuerzo? —le pregunto—. No creo que me gusten.

—Espera y verás —dice papá sonriente.

Luego, papá mira los diferentes tipos de panes. El pan pertenece al grupo de los cereales. Los alimentos de este grupo ayudan al corazón a mantenerse fuerte. Papá toma un paquete de **tortillas de trigo integral** y las pone en el carrito.

—¿Esas tortillas son para mi almuerzo? —le pregunto—. Pensé que las tortillas servían solo para hacer tacos.

—Espera y verás —dice papá sonriente.

tortillas de trigo integral

Encuentro palomitas de maíz. ¡Son mi merienda favorita!

—¿Podemos llevar palomitas? —pregunto.

—Sí —contesta papá—, las palomitas son una merienda saludable, pertenecen al grupo de los cereales.

SABELOTODO

Los cereales son semillas de plantas. Los alimentos integrales se hacen usando toda la semilla o grano. Las palomitas de maíz son un alimento de grano integral.

Hay mucha comida en nuestro carro. Tenemos alimentos de los cinco grupos: pollo, queso, manzanas, espinacas, tortillas de trigo integral y palomitas de maíz.

—Ya tenemos todo lo que necesitamos —dice papá.

—¡Ver tanta comida me ha dado hambre! —comento.

¿Por qué revientan las palomitas de maíz?

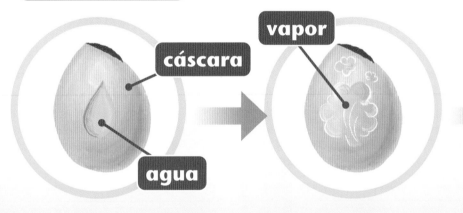

grano de maíz

cáscara

vapor

agua

El exterior de un grano de maíz es una cáscara dura. El interior del grano contiene agua.

Cuando el grano se calienta, el agua se convierte en **vapor** y empuja el interior hacia afuera.

grano de maíz revienta

El vapor empuja y empuja hasta que la cáscara dura se rompe y el grano se abre.

¡Pop!

Papá paga la compra.

—¿Me gustará la comida que vas a hacer? —pregunto—.
No creo que me gusten las espinacas.

—Espera y verás —dice papá sonriente.

Al llegar a casa, papá comienza a hacer el almuerzo.

—¿Puedo ayudar? —le pregunto.

—Claro —contesta papá—, puedes lavar las espinacas.
Yo cortaré el pollo y el queso.

—¿Vas a poner espinacas en mi almuerzo? —insisto.

—Espera y verás —dice papá sonriente.

Papá pone una tortilla en un plato. Pone rebanadas de queso encima. Añade unas hojas de espinaca y trozos de pollo encima del queso. Y luego, lo enrolla todo.

—¡Ya veo! —exclamo—. ¡Es un sándwich envuelto!

Papá pone una manzana en el plato y me lo da.

A continuación, papá prepara otro sándwich envuelto y toma su manzana.

Almorzamos juntos. Le doy un mordisco a mi sándwich.

—Esto está delicioso —digo—. ¡Hasta me gustan las espinacas!

—¡Delicioso y saludable! —dice papá.

MiPlato

MiPlato.gov

¿Cuáles son tus alimentos favoritos? ¿Cuánto de esos alimentos comes cada día?

Esto es **MiPlato**. Este recurso te ayuda a comer cosas de todos los grupos de alimentos. Las partes de **MiPlato** muestran la cantidad de cada grupo de alimentos que debes comer todos los días.

Frutas

Verduras

La mitad de tu plato debe estar lleno de **frutas** y **verduras**.

Los **cereales** son alimentos hechos de las semillas de ciertas plantas. Tu plato debe contener esta cantidad de cereales.

Lácteos

Cereales

Los **lácteos** son alimentos hechos de leche. Tu plato debe contener esta cantidad de lácteos.

Proteínas

Las **proteínas** pueden ser de origen animal o vegetal. Tu plato debe contener esta cantidad de proteínas.

carrito de compras
cesta de metal sobre ruedas

espinaca verdura con
hojas de color verde oscuro

firme duro; que no
es blando

pollo carne que proviene
de un ave llamada pollo

pulpa parte blanda de
una fruta

**tortillas de trigo
integral** pan redondo y
muy delgado, hecho con un
tipo de cereal llamado trigo

vapor gas que sale cuando
se calienta el agua

Photography and Art Credits

All images © by Vista Higher Learning unless otherwise noted.

Cover: VHL

8: Oleksandra Naumenko/Shutterstock; 9: Maglara/Shutterstock; 12-13: (background) Arttis/Shutterstock; Udovichenko/Shutterstock; 12: (t) Roman Samokhin/Shutterstock; (m) Radistaz/Shutterstock; (b) Filip Fuxa/Shutterstock; 13: (t) Pavlo Lys/Shutterstock; (mt) Leungchopan/Shutterstock; (mb) SDI Productions/Getty Images; (bm) Kolpakova Svetlana/Shutterstock; (bl) Spaxiax/Shutterstock; (br)Margouillat photo/Shutterstock; 16: Yellow Cat/Shutterstock; 18-19: Andersphoto/Shutterstock; 19: Dean Drobot/Shutterstock; 24-25: Serg64/Shutterstock; Courtesy of My Plate/U. S. Department of Agriculture; 26: Roman Samokhin/Shutterstock.

© 2023, Vista Higher Learning, Inc.
500 Boylston Street, Suite 620
Boston, MA 02116-3736
www.vistahigherlearning.com
www.loqueleo.com/us

Dirección Creativa: José A. Blanco
Vicedirector Ejecutivo y Gerente General, K–12: Vincent Grosso
Desarrollo Editorial: Salwa Lacayo, Lisset López, Isabel C. Mendoza
Diseño: Ilana Aguirre, Radoslav Mateev, Gabriel Noreña, Verónica Suescún, Andrés Vanegas, Manuela Zapata
Coordinación del proyecto: Karys Acosta, Tiffany Kayes
Derechos: Jorgensen Fernandez, Annie Pickert Fuller, Kristine Janssens
Producción: Esteban Correa, Oscar Díez, Sebastián Díez, Andrés Escobar, Adriana Jaramillo, Daniel Lopera, Juliana Molina, Daniela Peláez, Jimena Pérez

¡A comer saludable!
ISBN: 978-1-54338-623-3

Printed in the United States of America

1 2 3 4 5 6 7 8 9 AP 28 27 26 25 24 23